AF321928

DES
ATTENTATS PAR VOIE DE LA PRESSE.

Les lois se ressentent presque toujours des circonstances au milieu desquelles elles ont été conçues et prorogées. Il est bien rare que le législateur se dégage assez complétement des influences qui l'entourent, pour que son œuvre s'accomplisse uniquement au point de vue philosophique sans aucune préoccupation de parti, sans aucun but politique.

S'il en est ainsi presque toujours, peut-être n'y a-t-il pas dans tous nos codes une seule loi qui se ressente plus immédiatement des passions du moment que la législation qui régit aujourd'hui la presse, et détermine la procédure à suivre par rapport aux attentats qui lui sont attribués. Reportons-nous donc, avant tout, aux circonstances où furent présentées, votées et promulguées ces lois si souvent attaquées, qu'on désigne communément sous la dénomination collective *de lois de septembre.*

Un crime horrible, sous tous les rapports, venait de consterner la France.

Or, la politique a pour habitude de mettre tout à profit ; il est dans sa nature d'exploiter l'événement du jour, qu'il soit heureux ou néfaste. C'est ce qu'elle fit alors, et le fait seul de cette exploitation morale de l'événement ne pourrait constituer à nos yeux l'objet d'un reproche, si, profitant de la juste indignation dans laquelle se confondirent un instant les honnêtes gens de tous les partis, les ministres qui dirigeaient alors les affaires eussent borné leurs efforts à rallier (autour du gouvernement l'opinion publique que les fautes de leur administration en avaient déjà si fort aliénée.

Il y avait deux politiques à suivre : la première, la seule honorable à notre avis, consistait, ainsi que nous venons de le dire, à profiter du mouvement de réprobation universelle que soulève nécessairement un crime de cette nature, à exploiter la sympathie instinctive qui se reporte toujours, en pareil cas, sur la victime échappée aux coups de l'assassin.

Il n'en fut pas ainsi. Les hommes qui étaient au pouvoir comprirent autrement la position. Les uns, aimons à le penser, furent poussés par cet instinct de crainte exagérée qui de tout temps produisit les excès du pouvoir. Les autres, osons-le dire, n'eurent pas honte de mettre à profit le deuil public pour satisfaire leurs vieilles rancunes contre nos libertés.

De là ces lois à jamais déplorables qui, au mépris des règles immuables de notre constitution, sont venues porter atteinte aux garanties les plus sacrées de la justice et aux droits les plus imprescriptibles des citoyens ; lois illégales qui n'ont pas même le mérite des lois d'exception, celui de n'être que temporaires ; lois enfin, qui, suivant l'énergique expression d'un orateur éminemment gouvernemental, *resteront une date dans les annales des aberrations et des ingratitudes humaines*[1].

Ces lois, quel en fut le prétexte ? Lisez l'exposé des motifs qui fut présenté alors, et vous y retrouverez ce déluge de lieux communs, cette série de déclamations contre les partis, dont l'exagération nuit toujours à ce qu'il peut y avoir de vrai dans l'exposé des faits. Est-il donc d'une sage politique de montrer au pays toutes ses plaies à travers un verre grossissant ? Un médecin prudent doit éviter de frapper l'esprit de son malade. Dans un pays voisin, lorsqu'un attentat est commis sur la personne royale, tous les efforts de la politique tendent à repousser l'idée d'une complicité, à considérer le crime comme un fait isolé, à l'expliquer même, lorsqu'on le peut, par quelque motif d'aliénation mentale, sans jamais admettre qu'un pareil crime puisse entrer dans l'esprit des partis. En Angleterre cependant, le respect pour la personne du souverain est poussé jusqu'à l'idolâtrie. Mais en même temps, il existe un respect pour la morale publique, dont le gouvernement ne s'affranchit pas à l'égard du pays, et qui lui défend de jeter à la face de ses adversaires des imputations dont leur susceptibilité aurait le droit de s'offenser. Chez nous, il n'en est pas ainsi. C'est en vain que les formes du langage cherchent à déguiser la violence et la grossièreté de la pensée. Pour combattre les partis, le gouvernement emprunte les vices des factions. Un crime est-il commis, il n'hésite pas à l'imputer à telle ou telle opinion, sans songer que si les misérables qui l'ont commis ont pu appartenir à cette opinion, ce n'est pas une raison pour qu'il existe la moindre solidarité entre les hommes qui la déshonorent par leurs excès et ceux qui l'honorent par une lutte

(1) Discours de M. de Lamartine, séance du 21 août 1835.

avouable et consciencieuse. De telles attaques, de telles insultes sans cesse renouvelées avec le triste caractère de calomnies officielles, ne font qu'aigrir les partis, les aliéner à jamais, révolter la conscience des honnêtes gens qu'ils renferment, et donner à l'opposition un droit de défense, qui malheureusement se traduit quelquefois par un droit de représailles.

Alors arrivent de nouveau les doléances du pouvoir contre une violence dont il a été souvent le provocateur. Arrivent ces peintures effrayantes de la position, dont le résultat, sinon le but, est de répandre la consternation et la terreur dans le pays. Et puis, lorsque les esprits, fascinés par toute cette fantasmagorie, tombent dans un de ces moments d'hésitation où la raison publique est désarmée, on en profite pour arracher aux Chambres quelques-uns de ces votes de confiance qui ont rempli les arsenaux politiques d'armes à deux tranchants.

Les lois sont toujours suffisantes pour qui sait les appliquer, disait le chancelier de L'Hospital, et cette pensée est grande comme le caractère du magistrat qui l'a émise. Disons-le donc, si notre législation est insuffisante, c'est pour ceux qui ont quelque côté faible à cacher, c'est pour ceux qui voudraient y trouver une protection aux abus, aux excès de pouvoir, un moyen de se débarrasser d'une opposition d'autant plus gênante qu'elle est mieux fondée dans ses griefs. Voilà en quoi notre législation est insuffisante, et grâces lui en soient rendues!

Nous ne prétendons pas toutefois dissimuler les difficultés qu'entraîne un tel état de choses ; mais ces difficultés elles-mêmes sont de l'essence des gouvernements constitutionnels. En admettant le libre contrôle de tous les actes de l'administration, on rend sans doute sa tâche plus difficile, et l'on conçoit aisément que les dépositaires du pouvoir s'arrangeraient mieux d'une administration sans contrôle. Telle paraît avoir été la pensée du ministère qui proposa les lois de septembre ; lois dont toute l'économie, de l'aveu même de leurs auteurs, a pour but de tuer la presse hostile ou de museler la presse opposante.

Pour discuter sérieusement de pareilles lois, il faut avoir présentes à la mémoire les principales dispositions qu'elles renferment, se rappeler surtout les modifications qu'elles ont apportées à la législation alors existante. Qu'on les relise donc, et l'on sera frappé du pas de géant qu'a fait la contre-révolution le jour où elles furent votées.

Il serait sans doute superflu de rapporter ici textuellement les quarante-trois articles dont se compose cette législation nouvelle ; il en est d'insignifiant et que personne n'attaque. Ce qu'il importe seulement de constater, c'est l'esprit qui semble les avoir inspirées, et les innovations frappantes qui en résultent. Résumons-les en quelques mots.

Dans la loi sur la presse, le caractère principal de l'article premier est de convertir en *crime*, et de qualifier *attentat* ce qui jusqu'alors n'avait été que *délit*, d'où résulte pour le gouvernement la faculté de déférer à la Cour des pairs la connaissance de causes exclusivement réservées au jury par une disposition de la Charte elle-même. Ainsi, définition nouvelle du délit et changement de juridiction.

L'article 2 range positivement l'offense au roi dans le nombre des attentats ; nouvelle aggravation.

Dans les articles suivants, les auteurs de la loi, non contents d'interdire toute attaque contre la forme du gouvernement, défendent même à ceux dont les convictions ne seraient pas favorables à ce gouvernement, d'avouer publiquement leurs convictions ; ils interdisent toute polémique (car il n'y a pas de polémique sans attaques) sur des sujets qui de tout temps ont servi de base aux dissertations de la philosophie et de l'économie politique, tels que le serment, par exemple, qu'on peut, à ce qu'il paraît, violer, mais non combattre.

Une disposition spéciale sur les amendes autorise le juge à *doubler le maximum*, expression au moins ridicule pour désigner cette manœuvre de l'assiégeant qui cherche à réduire par la famine une place qu'il ne peut prendre d'assaut. Nous la retrouverons encore plus loin. Ce sera à propos du cautionnement dont on élève le chiffre au taux le plus exorbitant, en avouant naïvement que c'est dans l'espérance de rendre impossible la mauvaise presse. Ce cautionnement que la nouvelle loi porte à cent mille francs pour les journaux quotidiens, elle exige qu'il soit versé *en numéraire*, refusant désormais les inscriptions de rente qu'on avait cru bonnes jusqu'alors.

Nous passons sur les mille autres entraves dont on entoure la gérance des journaux.

Arrivons au titre II : Rétablissement avoué de la *censure* ; le mot se trouve dans l'exposé des motifs. Il est vrai que le ministre s'empresse de faire remarquer qu'il ne s'agit que des dessins, auxquels la Charte, selon lui, n'accorde aucune protection. La Charte, que dit-elle ? Elle reconnaît aux Français le droit de *publier leurs opinions*. Qui dit leurs opinions, dit aussi leurs pensées ; nous ne croyons pas que cela fasse un doute. Or le titre de la loi qui renferme la nouvelle législation relative aux estampes et aux pièces de théâtre, ce titre donné par le ministère lui-même est ainsi conçu : « Loi sur les crimes, délits et contraventions de la presse et des autres moyens de *publier sa pensée*. » Le dessin et le théâtre sont donc des moyens de publier la pensée, et ceux qui ont fait la loi, malgré la Charte, ont inscrit en tête de leur œuvre un démenti de leurs doctrines.

La loi du 31 mars 1820, qui rétablissait la censure, n'en faisait du moins qu'une mesure temporaire. Il y a progrès dans la loi nouvelle qui établit une censure permanente.

Parlerons-nous du *théâtre*? La question de la liberté théâtrale a été soulevée plusieurs fois, et traitée d'une manière toute spéciale. Ce serait donc allonger inutilement l'examen de la question principale, que de rentrer dans de longs développements à cet égard. Bornons-nous à répéter ici ce qui a été dit plus haut de la contradiction qui existe entre la Charte et la loi du 9 septembre 1835, et à signaler ce qu'il y a d'exorbitant dans une loi qui réunit le double caractère de prévention et de répression.

Le titre V de la même loi autorise la citation directe par le ministère public, c'est-à-dire, qu'il supprime d'un seul coup le renvoi par la chambre du conseil, et la mise en accusation, transformant ainsi le procureur général en *accusateur public*, non plus chargé de soutenir une prévention, non plus organe de la magistrature, mais chargé de créer un corps de délit, et trop souvent organe d'une vindicte politique.

Tel est l'esprit général, telles sont les dispositions principales de cette *loi révolutionnaire*, comme l'appelait si bien un homme dont l'opposition constitutionnelle regrettera longtemps la perte [1]. « car ce titre appartient, disait-il, aux lois qui émanent de l'action législative appliquée soudainement au fait qui vient de se passer. »

Cependant le ministère savait bien qu'il serait loin encore d'avoir accompli son œuvre, lorsqu'il aurait obtenu des Chambres le vote de cette loi. Il savait que l'application de semblables dispositions pourrait rencontrer plus d'un obstacle dans la conscience et devant le bon esprit des citoyens. Il connaissait les articles de nos codes qui consacraient des garanties en faveur de l'accusé, contre l'esprit de parti qui peut parfois dominer l'accusation. Mais le moment était bon pour tout oser, et le ministère qui ne voulait pas d'obstacle, ne se fit pas faute de renverser ceux que pouvait lui opposer la législation existante.

Deux nouvelles lois furent présentées aux Chambres, l'une sur les Cours d'assises, l'autre sur le jury, toutes deux ayant pour but de dénaturer ces deux grandes institutions, et d'enlever aux accusés une partie des garanties que la justice du pays leur avait accordées jusqu'à ce jour.

La loi sur les Cours d'assises commence par confirmer le principe déjà jugé de la *citation directe*, en l'étendant aux divers genres d'attentats. Or, il est à remarquer que c'est dans des affaires capitales que la loi consacre l'usage des procédures sommaires.

____

(1) Eusèbe Salverte, séance du 13 août 1835.

Les articles 8 et 9 prévoient le cas où le prévenu refuse de se rendre à l'audience, et en autorisant le président à le faire amener *par la force*, elle rend légale une lutte dont les conséquences sont impossibles à prévoir. Disposition sauvage, que les énergiques et généreuses protestations de l'honorable M. Hennequin [1] ne purent réussir à faire disparaître de la loi. Loin de là, et comme si ce n'était pas assez de la violence matérielle, l'article suivant dispose qu'en cas de clameur ou de tumulte de la part des accusés, la Cour pourra les faire sortir de l'audience, et continuer en leur absence les débats, qui n'en seront pas moins réputés *contradictoires*.

Voilà pour les assises. Passons à la loi sur le jury, qui a pour objet de rectifier les articles 341, 345, 346, 347 et 352 du Code d'instruction criminelle, et l'article 17 du Code pénal. Les modifications qu'apporte cette loi à la législation existante, consistent :

1° Dans la réduction de la majorité du jury ;

2° Dans l'introduction du vote au scrutin secret ;

3° Dans l'aggravation de peines pour certains délits politiques.

C'est ainsi que se trouvent caractérisées ces modifications dans l'intéressant travail que M. Henri Celliez a placé à la fin de son *Code annoté de la presse*.

Réduction de la majorité des voix. La *simple majorité* entraîne la condamnation, fait unique dans la législation française depuis que la société s'est organisée dans notre pays d'une façon régulière. On a avancé au sein des Chambres, et ce fait n'a pu être démenti, que depuis le commencement du seizième siècle il n'y avait pas d'exemple d'une juridiction criminelle condamnant à la simple majorité [2]. En Angleterre et en Amérique, l'arrêt de condamnation ne peut être rendu que sur la déclaration *unanime* du jury. L'Assemblée constituante, appelée à se prononcer sur cette grande question, fixa la majorité à dix voix sur douze ; puis vint une nouvelle loi qui exigea l'unanimité, sauf, il est vrai, à se contenter plus tard d'une faible majorité si le défaut d'unanimité obligeait à renvoyer la délibération à une autre séance. La législation de 1808 détruisit cet état de choses ; mais ne croyant pas toutefois qu'une question de vie ou de mort pût être laissée à la merci d'une seule voix, elle voulut que la majorité des juges vînt confirmer le verdict émané de la majorité du jury pour entraîner la condamnation. Si nous arrivons au gouvernement actuel, nous verrons qu'en 1831 la majorité de huit voix contre quatre fut reconnue nécessaire, énergiquement démontrée et introduite dans notre législation par les mê-

(1) Discours prononcé dans la séance du 11 août 1835.

(2) Discours de M. Isambert, séance du 14 août 1835.

mes hommes qui, en 1835, osèrent demander qu'on en revînt à la simple majorité, n'ayant pour soutenir cette monstrueuse prétention d'autre argument que les acquittements nombreux qui étaient venus donner tort à la politique du gouvernement.

Pour assurer la condamnation de quelques journalistes de plus, les auteurs de la loi n'ont pas craint d'augmenter d'une manière effrayante les chances d'erreur de la justice criminelle, sans songer, nous aimons à le croire, que de ses décisions dépendent trop souvent la vie des hommes.

Le vote au *scrutin secret!* c'est, disait-on, la seule manière de soustraire les jurés à la crainte des vengeances. D'abord et avant tout, messieurs, permettez-nous de vous faire observer, quel que soit le tableau que les pessimistes officiels ont pu nous présenter de l'état moral de la France, permettez-nous de vous faire observer qu'ils n'ont jamais cité aucun exemple de ces vengeances dont, suivant eux, les jurés sont menacés s'ils osent condamner un ennemi du gouvernement. Ayons donc un peu foi dans les mœurs nationales! Que si cette foi nous manque, remarquons du moins combien, dans le cas qui nous occupe, la disposition insérée dans la nouvelle loi est insuffisante, et l'on pourrait ajouter puérile, si, en compensation d'avantages imaginaires, elle ne présentait des inconvénients on ne saurait plus sérieux. Le nom des jurés, nous le demandons, peut-il rester un mystère, lorsque le tirage et les récusations ont lieu en présence de l'accusé, de celui-là même qu'on représente comme intéressé à les poursuivre de sa vengeance? Et lorsque par l'indiscrétion coupable d'un des jurés, le condamné saura le nombre de voix qui ont concouru au verdict, croit-on donc qu'il lui sera beaucoup plus difficile d'arriver à connaître leurs noms? Ne voyez-vous pas tous les jours qu'après le vote d'une loi importante les journaux nous donnent la liste presque toujours exacte de ceux qui ont voté pour ou contre? C'est pourtant là un scrutin secret, et il est bien autrement difficile de dépouiller cinq cents votes que d'en dépouiller douze. Soyez-en donc convaincus, la loi est impuissante à cet égard et ne saurait déjouer les investigations de ceux qui sont intéressés dans la question. Pour chercher un résultat que vous ne sauriez atteindre, vous exposez le jury à mille erreurs impossibles à prévenir. Il n'y a pas de scrutin à la Chambre où quelques boules ne s'égarent. Que sera-ce lorsque ces boules seront remises à des mains sans expérience? Que sera-ce surtout lorsque la moindre de ces erreurs peut entraîner une condamnation capitale?

Nous arrivons au dernier article de ces funestes lois, article qui termine dignement une série de dispositions exceptionnelles et violentes.

eine de la *déportation* consistait, vous le savez, en une détention perpétuelle, peine horrible plus que jamais, pour peu qu'on y applique les atroces améliorations de notre système pénitentiaire. Le ministère qui fit les lois de septembre et les Chambres qui se chargèrent de les enregistrer ont trouvé cette disposition insuffisante, et ils ont inséré une disposition nouvelle qui laisse à l'arbitraire du juge d'envoyer le condamné dans une prison du royaume ou dans une prison située *hors du territoire français*. C'est réunir *l'exil* à une *détention perpétuelle :* on ne pouvait mieux faire.

Ici finit, Dieu soit loué, l'exposé sommaire des principales innovations résultant de ces lois déplorables. A part les réflexions personnelles dont nous avons cru pouvoir l'accompagner, ce triste résumé ne renferme que des faits incontestés, des faits avoués par les ministres et les rapporteurs des diverses commissions, des faits enfin qui ont servi de base à la discussion devant les Chambres.

Mais quelque rapide que soit cet examen, il resterait incomplet si nous ne passions rapidement en revue quelques-uns des arguments plus ou moins puissants, plus ou moins spécieux, à l'aide desquels les partisans de ces mesures extrêmes ont cherché à les justifier.

La loi sur les cours d'assises fut discutée la première. Chacune des mesures qu'elle renferme fut l'objet de quelque apologie. La *citation directe* évitait les lenteurs inutiles d'une procédure ordinaire, et pour les délits de presse, elle avait l'avantage de soumettre aux jurés ou aux juges politiques l'article incriminé, lorsqu'il avait encore tout son intérêt d'actualité. Mais ne serait-il pas plus juste de dire qu'il a pour inconvénient, et peut-être pour but, de faire prononcer le juge sous l'impression de l'émotion première, sans lui donner le temps nécessaire pour ramener dans son esprit le calme incompatible avec les préoccupations politiques du moment? Quant à ce zèle si grand pour abréger les procédures, il nous sera permis d'en suspecter au moins la source, en face de l'indifférence avec laquelle le pouvoir prolonge tant de captivités préventives. La marche de la justice a besoin d'être plus également rapide, pour que nous ayons confiance dans sa rapidité.

En ce qui concerne le *refus de comparaître* à l'audience, les partisans du projet faisaient remarquer que le cours de la justice ne pouvait être interrompu par l'obstination d'un accusé. En thèse générale, cette objection n'est pas sans valeur. Mais n'y a-t-il donc moyen de résoudre cette difficulté qu'en foulant aux pieds toutes les règles de la justice et de l'humanité? Le jugement par défaut, tel que l'usage en est admis par nos lois, ne peut-il pas trouver ici son application, lorsqu'il s'agit de délits ou de crimes d'une importance secondaire? Et lorsqu'il s'agit d'infliger des peines plus graves, ne vaut-il pas mieux retarder le jugement et vaincre la résistance de l'accusé par toutes les privations qu'admet le régime pénitentiaire, que de risquer une condamnation erronée contre un malheureux qui deviendrait ainsi victime de son obstination à ne pas se défendre? Nous ne parlons pas ici du prévenu que la violence de ses expressions, qu'un moment d'indignation mal comprimé, s'il est innocent, ou l'expression brutale d'un fanatisme aveugle, s'il est coupable, aura fait exclure de l'audience. Nous ne parlons pas de la manière odieuse dont la loi sévit contre lui; la pensée seule en fait horreur, et nous avons du moins la conviction qu'il ne se trouverait en France ni un jury, ni même une cour politique, qui voulût jamais faire l'application d'une pareille disposition légale.

La loi qui modifiait l'institution du jury ne manqua pas non plus de défenseurs. En rappelant ici les principales modifications qu'elle apportait à la législation existante, nous avons déjà discuté le mérite de chacune d'elles. De savants calculs furent présentés pour démontrer dans quelle énorme proportion la réduction à la *simple majorité* augmentait les chances d'erreur [1]. On les a contestés ; on a même contesté que la condamnation à sept voix, lorsque six voix produisaient l'acquittement, fût une majorité d'une seule voix. Il semblerait pourtant qu'il n'y eût rien au-dessous de la simple majorité ; mais l'esprit de parti conteste tout. D'ailleurs, ce n'est pas nous qui attacherons aux chiffres une importance exagérée ; lorsqu'il est si facile de puiser ses preuves dans le bon sens, pourquoi en irions-nous chercher dans l'arithmétique sociale, cette science où les plus forts sont encore si novices?

Parlons donc au nom du bon sens, quitte à ce qu'il nous soit contesté comme le reste ; car c'est encore là une de ces qualités dont chacun croit avoir le monopole.

Pourquoi provoquez-vous une révision de nos codes, en ce qui concerne le jury? C'est sans doute parce que vous trouvez le jury moins éclairé que vous ne vous l'étiez imaginé d'abord. Eh bien ! nous vous le concédons. Mais quel remède apportez-vous au mal? Vous réduisez la majorité, c'est-à-dire, que vous augmentez les chances d'erreurs pour remédier à des erreurs trop fréquentes. Singulière logique en vérité! Pourquoi n'a-t-on pas eu, au lieu de cela, la franchise de dire qu'on refaisait la loi pour qu'on acquittât moins de prévenus?

Les arguments qu'on a fait valoir en faveur du *scrutin secret* paraissent bien mesquins, nous l'avons dit plus haut, en comparaison des dangers, des nouvelles chances d'erreur qu'il fait naître, et que les bons esprits de la Chambre firent ressortir avec plus d'évidence que de succès.

(1) Discours de M. Arago, séance du 14 août 1835.

La disposition relative à la *déportation* est une de celles contre lesquelles nous nous sommes élevés le plus vivement, et à cet égard nous prévoyons déjà la réponse qu'on pourrait nous faire.

L'article de la loi du 9 septembre porte que le condamné subira sa peine dans une prison du royaume ou dans une prison située hors du territoire continental, dans l'une des possessions françaises *qui sera déterminée par la loi*. Or, nous dira-t-on, cette loi qui devait déterminer le lieu de la déportation a été ultérieurement présentée aux Chambres qui n'ont pas hésité à en faire justice. On ne peut donc entendre par le mot déportation que la détention perpétuelle dans une prison du royaume. D'accord; ainsi se trouve abrogée de fait l'une des dispositions les plus odieuses des lois de septembre. Honneur à ceux qui ont ainsi commencé l'œuvre de réparation dont nous appelons l'achèvement de tous nos vœux! Mais si cette disposition n'est plus exécutoirement valable, elle n'en reste pas moins consignée dans nos codes. C'est déjà trop, et il nous tarde de la voir ensevelie sous les ruines de la législation réactionnaire dont elle faisait partie.

Lorsque la loi sur les crimes et délits de la presse fut soumise à la discussion des Chambres, la loi sur le jury était déjà votée. Le jury, nous aimons à le croire, était rétabli, dans la pensée du législateur, sur des bases nouvelles qui obviaient à tous les inconvénients de son ancienne constitution. Eh bien! c'est justement le moment qu'on choisit, pour enlever à sa décision la connaissance des délits que la Charte lui a exclusivement réservés. Pour cela faut-il changer le délit en crime, le crime en attentat? rien ne coûte, et sous ce prétexte banal que la législation est insuffisante, on bouleverse toute la législation. Oui, elle serait insuffisante, si dans les crimes commis et que frappent la loi, vous reconnaissiez des complicités que la loi ne pût atteindre. Mais en sommes-nous là? Nos codes ne renferment-ils aucune peine contre les complices d'un attentat? Ce qu'il fallait aux auteurs du projet, c'était un moyen de constituer une complicité, là où le crime n'existe pas, de rattacher quelque chose à rien, de créer enfin l'attentat pour appliquer une pénalité que le délit n'eût pas admise.

Faut-il, disait-on alors, laisser *la personne du Roi* en butte aux attaques les plus directes, les plus audacieuses? faut-il laisser aux partis la liberté de se poser hostilement en face de nos institutions, sous un autre drapeau que celui de la Charte de 1830? Si les drapeaux marchent en tête de l'émeute, ou servent de ralliement aux complots, non sans doute, il ne doit pas être permis d'en arborer d'autres que celui que reconnaît la loi; et le jour où ce principe serait méconnu, le sentiment national viendrait en aide à la loi pour réprimer de tels écarts ; mais si le drapeau ne représente que des convictions, des vœux ou des regrets, il appartient à chacun de conserver le sien. L'opposition est de droit dans un gouvernement constitutionnel, et l'expression de sa pensée, de ses sentiments ne doit avoir d'autres limites que le respect des lois. Ces lois, elles ont couvert de tout temps la personne du souverain, et si récemment le jury avait hésité à les appliquer malgré l'évidence du délit, le gouvernement devait s'en prendre uniquement à l'imprudence avec laquelle il avait mis à découvert la majesté royale, en la faisant continuellement intervenir dans les questions auxquelles elle aurait dû rester à jamais étrangère.

Croyaient-ils défendre mieux les intérêts moraux et l'ordre social, ceux qui interdisaient toute discussion sur la *propriété* ou le *serment*, toute provocation à la haine entre les diverses classes de la société? Et ne pourrait-on pas trouver, dans cette interdiction de tout examen sur de hautes questions philosophiques, l'origine d'un grand nombre de réunions clandestines où malheureusement, depuis lors, la désorganisation de la société a été mise si souvent à l'ordre du jour?

Qu'on interdise la provocation à la haine entre les diverses classes de citoyens, c'est bien, fort bien sans doute. Mais alors il ne faudrait pas que les feuilles du gouvernement et ses principaux organes dans les Chambres se fissent eux-mêmes les échos des incessantes calomnies que certain parti déverse sur les classes inférieures de la société, véritable provocation à la haine du riche contre le pauvre, tendant à représenter celui-ci comme l'ennemi naturel de celui qui possède. Voilà la presse qu'on soutient, et c'est sans doute pour la soutenir mieux encore, qu'on accable celle qui pourrait lui répondre de conditions si difficiles à remplir que son existence en est chaque jour compromise.

Il y a, dans le fait de l'application des *amendes*, un principe d'inégalité que les économistes ont souvent signalé; c'est qu'à chiffre égal l'amende est une punition bien plus grave pour le pauvre que pour le riche. Or, ce principe d'inégalité augmente évidemment avec le chiffre de l'amende. Le chiffre fixé par la loi du 9 septembre atteint, dans certains cas, la somme de 50,000 f. qui représente, au taux légal, un revenu de 2,500 f. d'où il est facile de conclure que, pour plus de trente-deux millions de Français, une pareille amende absorberait la totalité de leur avoir; cela n'équivaut-il pas à la confiscation?

Nous ne reviendrons pas sur les mille tracasseries que la loi suscite aux gérants de journaux.

Abordons tout de suite un autre ordre de faits, où nous partageons volontiers les sentiments de réprobation exprimés par les organes du gouvernement. Nous voulons parler ici de l'excessive licence que la presse avait empruntée au *Dessin*. Non que nous attachions grande importance aux plaisanteries mordantes ou même grossières dont les plus grands personnages de l'État étaient devenus l'objet. Mais le spirituel crayon de nos dessinateurs ne saurait trouver en nous la moindre sympathie lorsqu'il va chercher le scandale dans le mystère de la vie privée, lorsqu'il déploie aux yeux de la multitude le côté faible de nos mœurs avec un cynisme d'autant plus dangereux qu'il se cache sous l'élégance de la forme. Il y avait scandale. Loin de nous la pensée de le nier. Mais, ici encore, fallait-il donc avoir recours à une législation exceptionnelle, fallait-il s'exposer au reproche, fondé ou non, d'avoir violé la Charte, pour mettre un terme à des abus que la loi frappait déjà d'une équitable répression? De la répression tant que voudrez; mais point de mesures préventives, point de mort pour la pensée avant qu'elle ne soit née.

Le dessin, dites-vous, parle aux yeux de la foule et lui transmet la pensée sous des influences toute différentes que celles de la pensée écrite. Eh bien ! n'avez-vous pas trouvé moyen, sans sortir des limites de la constitution, de soumettre à un prudent contrôle l'affichage, qui, comme le dessin, reproduit la pensée en la livrant simultanément à l'intelligence de la multitude? Pourquoi ne serait-il pas aussi facile de faire disparaître une gravure licencieuse qu'une affiche scandaleuse? Quant à vos personnes, à vos actes politiques, faites-en bon marché à l'esprit de sarcasme, et dites-vous bien que la crainte du ridicule en est presque l'aveu.

La question des *théâtres* a des rapports si intimes avec la publication de la pensée par le dessin, que nous ne pourrions guère faire autre chose que de nous en référer à ce que nous avons dit de celle-ci. Il est donc inutile de nous appesantir sur cette question.

Nous ne reviendrons pas non plus sur la *citation directe*, puisqu'à propos d'une autre loi, nous avons déjà eu l'occasion de reconnaître combien les motifs qu'on faisait valoir à l'appui de cette grave disposition étaient peu concluants en face des inconvénients qu'elle entraîne après elle.

Arrivons donc, pour ne point dépasser les bornes que nous nous sommes tracées, arrivons aux véritables motifs qui ont fait voter les lois de septembre. Laissons de côté les arguments de détails, pour saisir la pensée d'ensemble qui a dominé le législateur en ces jours de triste mémoire. Cette pensée, faut-il le répéter encore, c'était de se débarrasser à tout prix d'un ennemi dont on avait peur, et de frapper du même coup une opposition dont le contrôle était d'autant plus gênant qu'elle se tenait habilement sur les limites de la loi; c'était de comprimer l'opinion publique dans ses jugements trop sévères sur les actes du gouvernement, c'était de réprimer par la crainte les partis qu'on ne pouvait ramener par la conviction, ni peut-être par la corruption. La presse surtout gênait le pouvoir ; et prenant pour prétexte les excès commis par quelques-uns de ses organes, ce fut contre la presse que les hommes du gouvernement ourdirent leur audacieux complot. La presse ! (mais on l'a dit ailleurs) si les gouvernements libres sont difficiles par elle, ils sont impossibles sans elle. C'est de l'équilibre des partis, de l'expression légale de leur pensée que ressort l'essence même du gouvernement constitutionnel. Révoquez donc des lois qui s'en prennent à la pensée. « C'est le règne de la terreur pour « les idées, » s'écriait à ce sujet M. de Lamartine, qu'on n'accusera pas peut-être de prêter la main aux excès révolutionnaires. Et voulez-vous savoir où peut conduire un pareil système d'intimidation ? Ecoutez encore ces paroles remarquables échappées au même orateur[1] :

« Savez-vous, » disait-il, « à quoi on réduit les partis quand on leur in- « terdit jusqu'à la discussion, jusqu'à l'espérance ? on les conduit au dés- « espoir, c'est-à-dire aux complots, aux conspirations, au crime... » Paroles malheureusement prophétiques, qu'on a eu bien soin de ne pas se rappeler depuis ; car elles eussent été la plus sanglante condamnation des lois de septembre.

C'est au nom des besoins du moment que ces lois ont été arrachées à la confiance des Chambres ; c'était, disait-on, pour sauver le pays et surtout son gouvernement. Eh bien ! que nous ont appris sept années d'expérience ? Avons-nous vu renaître un âge d'or politique, où le pouvoir pût dormir sur un lit de roses, entouré de l'amour et du respect des peuples ? Les attaques dont il a été l'objet ne sont-elles pas devenues plus sanglantes que jamais ?

Disons-le donc, si les lois de septembre avaient eu en elles de quoi sauver la France et l'ordre social, l'ordre social et la France seraient sauvés aujourd'hui ; et si sept années d'application de ces terribles lois n'ont pu atteindre le moindre résultat, reconnaissons enfin qu'elles sont inutiles et sans efficacité. Dans l'un et l'autre cas, qu'avons-nous de mieux à faire que de les effacer de nos codes ?

Hommes de l'opposition, nous ne vous demandons que d'être conséquents avec vous-mêmes.

Partisans déterminés du pouvoir, nous vous demandons d'abroger des lois impuissantes à couvrir ce pouvoir sur lequel se reportent toutes vos sympathies.

Mais ce qui importe, dans la révision d'un tel ensemble de lois, c'est

[1] Discours prononcé le 23 août 1835.

de ne point s'arrêter aux détails de ces mesures exceptionnelles qui ont fait irruption dans notre législation politique, et s'y sont maintenues jusqu'à ce jour comme l'expression d'une réaction imprudente, intempestive, inconstitutionnelle, et en désaccord complet avec le reste de nos institutions. Il ne s'agit point ici d'examiner si tel ou tel article pris isolément apporte une légère amélioration dans telle ou telle procédure. Ce sont les questions de principes qu'il s'agit d'examiner aujourd'hui; ce sont les faits principaux qu'il faut étudier dans leurs causes et dans leurs conséquences, pour asseoir son jugement sur un grand acte politique. Ce qu'il faut enfin, c'est un vote d'ensemble et de principes, entraînant la révocation pure et simple de chacune des funestes lois prorogées le 9 septembre 1835.

Peut-être nous objectera-t-on qu'une seule mesure législative ne doit pas embrasser autant de sujets divers. A cela nous trouvons une réponse facile dans les lois mêmes dont nous demandons l'abrogation. L'une de ces lois contient des dispositions sur les journaux, sur les théâtres et sur les arts; une autre (exemple plus concluant encore) traite à la fois du jury et de la déportation, qui pour la première fois sans doute se trouvent ainsi accouplés. Pourquoi ne serait-il donc pas également logique et convenable de grouper, pour en faire justice, une série des dispositions légales émanées des mêmes circonstances, dictées par le même esprit, tendant au même but, ayant enfin tous les genres de connexité? La seule qualification de *lois de septembre*, cette dénomination acceptée par tous les partis, n'indique-t-elle pas suffisamment le rapport intime qui existe entre les trois lois qu'on comprend sous ce nom ?

Leur révocation collective a été demandée dans une foule de circonstances. Nous l'avons vu figurer, à propos des élections, sur le programme de l'opposition la plus modérée. De récentes et déplorables circonstances ont donné une nouvelle force à ces réclamations si souvent répétées, et, en joignant aujourd'hui notre voix à celles qui s'élèvent de toutes parts, c'est un acte de justice, plutôt qu'un acte de parti que nous croyons avoir à réclamer.

IMPRIMERIE DE F. DUVERGER,
Rue de Verneuil, n° 4.